Katharina Stang / Sabine Spies

Köstliche Leichte Vollkost

Unsere Lieblingsrezepte

Manuela Kinzel Verlag

Vorworte

Liebe Leserinnen, liebe Leser,

während meiner fast zwölfjährigen Arbeit als Leiterin einer Selbsthilfegruppe für Menschen mit Tumoren und Erkrankungen der Bauchspeicheldrüse und deren Nachbarorganen, habe ich festgestellt, dass sowohl die Ernährung als auch falsche Dosierung und falsche Einnahme der Enzyme Hauptursache für viele Verdauungsprobleme sind. Nachdem wir 2008 unser erstes Kochbuch „Köstliche Leichte Vollkost" herausgegeben haben und dies ein voller Erfolg war, kam uns die Idee, Lieblingsrezepte von TEB-Mitgliedern zu sammeln und zu veröffentlichen.
Frau Spies, Diätassistentin und Mitglied unseres ärztlichen Beirats, hat einige der Rezepte abgewandelt, so dass die Gerichte für Betroffene verträglicher und bekömmlicher sind. Außerdem hat sie die Nährwertangaben berechnet und die richtige Menge der Enzymeinheiten pro Portion angegeben.
Ich würde mich freuen, wenn diese bunte Mischung interessanter Rezepte Ihnen Freude bei der Zubereitung und beim Essen bringen würde und zu einer Verbesserung Ihrer Lebensqualität beitragen könnte.

Katharina Stang
(Vorsitzende und Gruppenleiterin von TEB e. V. Baden-Württemberg)

Nach dem großen Erfolg des Kochbuches „Köstliche Leichte Vollkost“ war das Thema Essen und Trinken regelmäßiger Gesprächsstoff in den Regionalgruppen von TEB e.V.. Es ist gar keine Frage, dass bei den Betroffenen ihre Lieblingsrezepte immer wieder auf dem Speisezettel stehen. Auf Nachfragen bei anderen Gruppenmitgliedern stellte sich heraus, dass diese Lieblingsrezepte gut vertragen werden. So reifte der Gedanke, den Mitgliedern von TEB e. V. den Vorschlag zu machen ihre persönlichen Lieblingsrezepte zu Papier zu bringen. Sie wurden gesammelt und von mir bearbeitet. Für Sie ist es deshalb ganz wichtig zu wissen, dass für die Rezepte in diesem Buch nicht die Empfehlungen der „Leichten Vollkost“ zu Grunde liegen, sondern sie ein Abbild der kulinarischen Vorzüge der Menschen in TEB e. V. sind, egal aus welcher Gegend in Deutschland sie kommen.

Sabine Spies
(staatl. geprüfte Diätassistentin, Diabetesassistentin DDG)

Menüliste

Suppen

Vorspeisen und Salate

Hauptgerichte

Desserts

Backwerk

Alkoholfreie Drinks

Das Prinzip der Leichten Vollkost

Die Leichte Vollkost (früher Schonkost oder gastroenterologische Basisdiät genannt) ist eine Kostform, mit der sich **kein direkter therapeutischer Effekt** erzielen lässt. Sie soll aber zur **Entlastung** einzelner Verdauungsorgane (wie z.B. der Bauchspeicheldrüse) oder des gesamten Stoffwechselgeschehens beitragen.

Sinn und Zweck dieser Kostform ist somit die **Vermeidung unspezifischer Unverträglichkeiten** im Bereich des Verdauungstraktes und somit Ausschaltung möglicher Beschwerden wie Durchfall, Völlegefühl, Druck, Schmerzen, Übelkeit, die bei Erkrankungen im Verdauungsbereich auftreten können.

Die Leichte Vollkost unterscheidet sich von der „normalen" Kost, indem Lebensmittel gemieden werden, die erfahrungsgemäß bei mehr als 5% der Patienten die oben genannten Unverträglichkeiten auslösen.

Für die Leichte Vollkost gelten die allgemeinen Empfehlungen für die Nährstoffzufuhr der DGE (Deutsche Gesellschaft für Ernährung):

50 – 55%	**Kohlenhydrate**
30%	**Fett**
15 – 20%	**Eiweiß**

der gesamten Energiezufuhr pro Tag.

(Quelle: www.ernaehrung.de / DEBInet S. 4-7, außer Verzeichnis der Abkürzungen)

Lebensmittelauswahl der Leichten Vollkost

Die nachfolgende Tabelle zeigt Ihnen Empfehlungen der Lebensmittelauswahl bei der Leichten Vollkost.

Bitte beachten Sie, dass Unverträglichkeiten individuell sehr unterschiedlich sind und fragen Sie bei Unklarheiten Ihre betreuende Ernährungsfachkraft.

Weitere Tipps:

* Die Nahrungsmenge kann auf viele kleine Mahlzeiten aufgeteilt werden (5-6 pro Tag).
* Bitte nehmen Sie sich ausreichend Zeit zum Essen.
* Kauen Sie gründlich.
* Die Speisen bitte nicht zu heiß oder zu kalt essen.

Verzeichnis Abkürzungen der Nährwerte

E	Eiweiß (Protein)
F	Fett
MUFS	mehrfachungesättigte Fettsäuren
KH	Kohlenhydrate
BE	Berechnungseinheit, 1 BE entspricht 12 g Kohlenhydraten
KE	Kohlenhydrateinheit, 1 KE entspricht 10 g Kohlenhydraten
BS	Ballaststoffe
Chol	Cholesterin
kJ	Kilojoule
kcal	Kilokalorie

Lebensmittel-gruppen	**Geeignete Lebensmittel**	**Lebensmittel, die im Allgemeinen schlecht vertragen werden**
Backwaren	Backwaren aus einfachen Rühr- und Hefeteigen, Kuchen aus Quark-Öl-Teig, Obstkuchen ohne Sahne, Baiser, einfache Kekse	Frisches Hefegebäck, fette Backwaren wie z.B. Sahne- und Cremetorten, Blätterteig, Fettgebackenes
Brot	1 Tag abgelagertes Brot, feine Vollkornbrote	Frisches Brot, frische Brötchen, grobe Vollkornbrote
Eier	Weichgekochte Eier, fettarme Eierspeisen	Hartgekochte Eier, fettreiche süße oder pikante Eierspeisen, Mayonnaise
Fett und Öle	Kleine Mengen natürlicher Pflanzenöle, Butter, ungehärtete reine Pflanzenmargarine	Größere Mengen Öle, Butter, normale Margarine, Schmalz, Talg
Fisch und Fischwaren	Magere Süß- und Salzwasserfische, fettarm zubereitet, Schalen- und Krustentiere	Fette Fische wie Aal, Hering, Lachs, geräucherte Fische, eingelegte und/oder konservierte Fische oder Fischwaren
Fleisch	Mageres Rind-, Kalb-, Geflügelfleisch, Hammelfilet, mageres Ziegenfleisch, Kaninchen, Wild und Wildgeflügel, Taube *Wichtig: fettbewusst zubereitet*	Fettes, geräuchertes, gepökeltes, scharf angebratenes Fleisch, mit Speck gespickte Fleischteile, fettes Fleisch, u.a. Ente, Gans, Geflügelhaut

Lebensmittelgruppen	**Geeignete Lebensmittel**	**Lebensmittel, die im Allgemeinen schlecht vertragen werden**
Gemüse	Leicht verträgliche Gemüsesorten, z.B. Karotten, Fenchel, junge Kohlrabi, Blumenkohl, feine grüne Erbsen und Bohnen, Tomaten, Zucchini, Blattsalate, Chinakohl	Schwerverdauliche und blähende Sorten wie Kohl, Lauch, Zwiebeln, Pilze, Paprika, Oliven, Gurken, Rettich, Hülsenfrüchte, Gemüsesalate mit Mayonnaise oder viel Öl
Getreideprodukte	Reis, Nudeln, Grieß, Mehle, Stärkemehle, Getreideflocken	
Getränke	Alle Teesorten, milder Kaffee, Getreidekaffee, Mineralwasser ohne Kohlensäure, Gemüsesäfte, verdünnte Obstsäfte	Alkohol in jeder Form, kohlensäurehaltige Getränke, z.B. Limonade, Cola, eisgekühlte Getränke
Gewürze	Frische und getrocknete Kräuter, milder Essig, Zitronensaft, mäßig Salz	Größere Mengen Pfeffer, Salz, Curry, Paprikapulver, Senf, Meerrettich, Zwiebel- und Knoblauchpulver, scharfe Gewürzmischungen
Kartoffeln	Fettlos bzw. fettbewusst zubereitete Pell- und Salzkartoffeln, Püree, Klöße	Alle gebratenen und in Fett ausgebackenen Kartoffelgerichte, z.B. Pommes frites, Bratkartoffeln, Kroketten, Kartoffelsalat mit Speck, Mayonnaise oder viel Öl

Milchprodukte	Fettarme Milch 1,5 %, fettarme gesäuerte Milchprodukte (Joghurt, Dickmilch, Sauermilch, milde Käsesorten bis 45 % F.i.Tr. (z.B. Frisch-, Weich-, Schnittkäse), *keine Schimmelkäse!*	Vollmilch und vollfette, auch gesäuerte Milchprodukte, Sahne, Rahm, Sauerrahm über 20 %, würzige und fetthaltige Käsesorten (über 45 % F.i.Tr.) Gorgonzola, Roquefort, Bergkäse, überreifer Camembert
Obst	Reife, leicht verträgliche Sorten roh oder gekocht	Unreifes Obst, rohes Steinobst, Nüsse, Mandeln, Pistazien, Avocados
Süßigkeiten	Konfitüre, Marmelade, Honig	Schokolade, Pralinen, Nougat, Marzipan, Sahnebonbons
Suppen und Soßen	Fettarme Bouillon, Suppen und Soßen	Fette Suppen und Soßen
Wurst- und Fleischwaren	Milde magere Wurstsorten, z.B. Bierschinken, gekochter Schinken ohne Fettrand, deutsches Corned Beef, Geflügelwurst, kalter Braten	Fette und geräucherte Wurst- und Fleischwaren
Zubereitungsarten	Kochen, Dünsten, Dämpfen, Garen in Folie, Tontopf, in der beschichteten Pfanne, in der Mikrowelle, Grillen ohne Fett	Starkes Anbraten, Rösten, Frittieren, mit Speck und mit Zwiebel angebraten
Zucker	Nur in kleinen Mengen	Größere Mengen

Bärlauchsuppe

Zutaten für 4 Personen

500 g Kartoffeln
1 fein gehackte Zwiebel
ca. 1 l Gemüsebrühe
100 g Bärlauch in Streifen geschnitten
50 g Sahne
50 ml Milch
Salz, Pfeffer

Pro Portion

137 kcal = 565 kJ, 4 g E, 5 g F, 20 g KH/1,75 BE oder 2 KE, 15 mg Chol

pro Gramm Fett mind. 2000 I. E. Lipase

Enzyme insgesamt 10.000 I. E.

Zubereitung

Die Kartoffeln schälen und in kleine Würfel schneiden. Die Würfel und die fein gehackte Zwiebel in einen Topf geben, Gemüsebrühe auffüllen. Die Bärlauchblätter zugeben und 10 Minuten köcheln lassen, dann pürieren. Milch und Sahne zufügen und abschmecken.

Guten Appetit wünscht
Bernd Schröder

Ungarische Gulaschsuppe

Zutaten für 2 Personen

250 g Zwiebeln
4 EL Rapsöl
½ TL Kümmel
1 – 2 TL Paprikapulver
250 g Rindfleisch
2 TL Majoran
1 Knoblauchzehe
4 EL Mehl
1 l Wasser
Salz

Pro Portion

430 kcal = 1802 kJ, 30 g E, 26 g F, 20 g KH/1,75 BE oder 2 KE, 150 mg Chol

pro Gramm Fett mind. 2000 I. E. Lipase

Enzyme insgesamt 52.000 I. E.

Zubereitung

Die fein geschnittenen Zwiebeln in Rapsöl rösten und den Kümmel dazu geben. Wenn die Zwiebeln goldgelb sind, Paprika einrühren. Die Hitze reduzieren, sonst werden die Zwiebeln zu dunkel und schmecken bitter.
Das in Würfel geschnittene Fleisch, Majoran und Knoblauch dazu geben. Wenn der Saft verschmort und das Fleisch angebräunt ist, Mehl kurz mit rösten und dann das Wasser angießen. Mit Salz abschmecken und bei kleiner Hitze alles gar kochen.

Gutes Gelingen wünscht
Bruno

Bottermelk und Twüback
(Buttermilch und Zwieback)

Für die ganz heißen Tage hat Peter Jürgensen ein schnelles und gesundes Gericht.

Zubereitung

Kalte Buttermilch mit Zucker, Zitronensaft und einem Schuss Flensburger Rum (je nach Geschmack) anrühren, bis sich der Zucker aufgelöst hat. In tiefen Tellern servieren und zerkleinerten Zwieback (je nach Bedarf) hinzugeben.

Räucherfischcreme

Zutaten für 5 Portionen

125 g geräuchertes Forellenfilet
200 g fettarmer Frischkäse
Salz, Pfeffer
125 g Räucherlachs
1 TL Zitronensaft
1 TL eingelegte grüne Pfefferkörner
Rucola
Cocktailtomaten

Pro Portion

156 kcal = 658 kJ, 17 g E, 9 g F, 2 g KH, 25 mg Chol

pro Gramm Fett mind. 2000 I. E. Lipase

Enzyme insgesamt 18.000 I. E.

Zubereitung

Forellenfilets mit einer Gabel zerdrücken. Die Hälfte des Frischkäses mit dem Handmixer cremig aufschlagen, Forelle unterrühren, mit Salz und Pfeffer würzen und kalt stellen. Lachs und Zitronensaft fein pürieren, restlichen Frischkäse unterrühren. Pfefferkörner hacken und unterheben, kalt stellen. Mit einem angefeuchteten Teelöffel Nocken abstechen und mit Rucola und Cocktailtomaten garniert servieren.

Guten Appetit wünscht
Gabriele Fremgen

Müsli

Zutaten für 1 Portion

4 – 5 EL Haferflocken
1 EL Rosinen
1 halber Apfel in Würfel geschnitten
etwas Milupa Fertiggetreidebrei
Milch

Pro Portion

296 kcal = 1237 kJ, 12 g E, 6 g F, 49 g KH/4 BE oder 5 KE, 6 g BS

pro Gramm Fett mind. 2000 I. E. Lipase

Enzyme insgesamt 12.000 I. E.

Zubereitung

Alle Zutaten in einer Müslischüssel mischen und mit Milch verrühren.

Guten Appetit wünscht
Bernd Schröder

Weiß-grüner Spargelsalat

Zutaten für 4 Personen

3 EL Pinienkerne
3 EL weißer Balsamico mit Orangengeschmack
3 EL Orangensaft
2 TL Mandelmus aus dem Glas
Salz, Pfeffer, etwas scharfes Paprikapulver
1 – 2 EL Rapsöl
3 – 5 Tropfen Balsamico-Creme
250 g weißer Spargel
250 g grüner Spargel
Orangenscheiben
grüner Salat

Tipp

Aus den Spargelschalen und -enden stelle ich eine Spargelsuppe her.

Pro Portion

135 kcal = 563 kJ, 5 g E, 11 g F, 5 g KH

pro Gramm Fett mind. 2000 I. E. Lipase

Enzyme insgesamt 22.000 I. E.

Zubereitung

Pinienkerne in einer Pfanne ohne Fett rösten, kurz abkühlen lassen. Essig, Orangensaft, Mandelmus, Salz, Pfeffer und Paprika verrühren und das Öl unterschlagen.
Spargel waschen und schälen. Spargelspitzen abschneiden und längs halbieren, Spargel in 2 mm dünne Scheiben schneiden und mit dem Dressing verrühren. Zugedeckt 1 bis 2 Stunden ziehen lassen.
Vor dem Servieren Balsamico-Creme untermischen.
Auf einem Teller mit grünem Salat anrichten und mit Orangenscheiben garnieren.

Guten Appetit wünscht
Katharina Stang

Brunos Kartoffelsalat

Zutaten für 6 - 8 Portionen

1 ½ kg Salatkartoffeln
Salz
1 Prise Zucker
Pfeffer
fein geschnittene Zwiebel (oder fein geschnittenen Schnittlauch)
Liebstöckel
Essig
1/8 l Fleischbrühe oder kochendes Wasser
4 EL Rapsöl

Zubereitung

Kartoffeln weich kochen, etwas abkühlen lassen, in feine Scheiben rädeln, Zwiebel und die Gewürze dazu geben. Essig und die heiße Brühe darüber gießen, zum Schluss Öl hinzufügen.

Krautsalat

Zubereitung

Kraut oder Rotkohl fein schneiden, einige Stunden leicht einsalzen, dann fest ausdrücken. In heißem Fett das Kraut hellbraun anbraten und mit Essig anmachen.

Tipp

Schmeckt sehr gut unter den Kartoffelsalat gemischt, meint Bruno und wünscht guten Appetit

Pro Portion (Kartoffel- plus Krautsalat)

231 kcal = 966 kJ, 5 g E, 6 g F, 37 g KH/3 BE oder 3,75 KE

pro Gramm Fett mind. 2000 I. E. Lipase

Enzyme insgesamt 12.000 I. E.

Saarländischer Lyoner-Rindfleisch-Salat

Zutaten für 4 Personen

250 g gekochtes Rindfleisch
½ Ring (250 g) saarländische Lyoner (Nicht-Saarländer nehmen 250 g Fleischwurst)
4 gekochte Eier
3 Essiggurken
½ Zwiebel
1 Bund Schnittlauch
Essig, Pfeffer, Salz
2 EL Senf
150 g Crème légère
100 g saure Sahne

Pro Portion

376 kcal = 1572 kJ, 28 g E, 28 g F, 3 g KH, 303 mg Chol

pro Gramm Fett mind. 2000 I. E. Lipase

Enzyme insgesamt 56.000 I. E.

Zubereitung

Eier und Lyoner pellen, alle Zutaten in kleine Würfel, Schnittlauch in feine Röllchen schneiden. Mit Schnittlauch, Essig, Pfeffer, Salz, Crème légère, saurer Sahne und Senf (und eventuell etwas Gurkensud) eine Marinade anrühren. Die Zutaten hinzugeben, gut verrühren und mindestens 2 Stunden im Kühlschrank ziehen lassen.
Dazu schmecken am besten dunkle Brotsorten.

Guten Appetit wünschen
Gabriele Fremgen und Gerhard Weihs

Lyoner-Rindfleisch-Salat mit Karotte
Fettärmere Alternative von Sabine Spies

Zutaten für 4 Personen

150 g gekochtes Rindfleisch in dünnen Scheiben
100 g Fleischwurst
3 Essiggurken
150 g grob geraspelte Karotte (oder Zucchini oder gekochte rote Beete)
½ Zwiebel
1 Bund Schnittlauch, in feine Röllchen geschnitten
2 EL Senf
200 g Naturjoghurt, 3,5 % Fett
Salz, Pfeffer

Pro Portion

174 kcal = 726 kJ, 13 g E, 11 g F, 5 g KH, 53 mg Chol

pro Gramm Fett mind. 2000 I. E. Lipase

Enzyme insgesamt 22.000 I. E.

Zubereitung

Das Rindfleisch und die Wurst entweder in kleine Würfel oder feine Streifen schneiden. Die Zwiebel sehr fein hacken, die Gurken in kleine Würfel schneiden. Fleisch, Wurst, Zwiebel und Gurken vorsichtig mischen. Dann die geraspelte Karotte dazugeben.
Aus Joghurt, Senf, Salz, Pfeffer, Schnittlauchröllchen und evtl. 1 – 2 EL des Gurkensuds ein Dressing zubereiten, abschmecken, über die anderen Zutaten geben und mischen.
Kühl stellen, gut durchziehen lassen.
Dazu passt Grahambrot oder Pumpernickel.

Geflügel-Orangen-Salat

Zutaten für 4 Personen

500 g Puten- oder Hähnchenbrustfilet
eventuell 1 TL Butterschmalz
2 Becher Naturjoghurt, 3,5 % Fett
1 Prise Zucker
1 Msp. gemahlener Ingwer
weißer Pfeffer
2 Bio-Orangen
3 EL Orangensaft
4 Tomaten
1 kleiner Blattsalat

Tipp

Wenn der Salat als Hauptgericht dient, können noch 1 – 2 TL Walnussöl oder Rapsöl hinzugegeben werden. Dies wertet die Mahlzeit im Hinblick auf lebensnotwendige Fettsäuren auf.

Pro Portion

221 kcal = 924 kJ, 35 g E, 3 g F, 13 g KH/1 BE oder 1,25 KE, 79 mg Chol

pro Gramm Fett mind. 2000 I. E. Lipase

Enzyme insgesamt 6.000 I. E.

Guten Appetit wünscht Katharina Stang

Zubereitung

Das Geflügelfleisch in ca. 1 cm dicke Streifen schneiden.
Aus dem Orangensaft, dem Zucker, dem Ingwer und dem Pfeffer eine Marinade zubereiten. Das Fleisch darin ca. ½ Stunde marinieren.
In der Zwischenzeit die Orangen waschen, trocken reiben und von einer Orange mit dem Zestenreißer etwas Schale abreiben. Dann die Orangen schälen und filetieren, den Saft dabei in einer Schüssel auffangen.
Die Tomaten waschen, die Stielansätze herausschneiden, auf der gegenüberliegenden Seite über Kreuz einschneiden und mit kochendem Wasser überbrühen. Ca. 5 Minuten so stehen lassen. Anschließend die Tomaten abgießen, enthäuten, entkernen und in Würfel schneiden.
Den Salat waschen, putzen und in einer Salatschleuder trocknen.
Aus dem Joghurt, den Gewürzen und dem aufgefangenen Orangensaft ein Dressing zubereiten.
Das Fleisch entweder in einer beschichteten Pfanne ohne Fett goldbraun anbraten oder in einer normalen Pfanne mit 1 TL Butterschmalz goldbraun braten.
Das Fleisch abkühlen lassen und mit dem Dressing und den Orangenfilets mischen, im Kühlschrank gut durchziehen lassen.
Die Salatblätter auf 4 Teller verteilen, die Tomaten darauf legen, mit dem Geflügel-Orangen-Salat belegen und mit den abgeriebenen Orangenzesten garnieren.

Bunter Blattsalat mit Keimen

Zutaten für 4 Personen

1 Kopf roter Eichblattsalat
1 Kopf Lollo bionda
2 Frühlingszwiebeln
100g frische, braune Champignons
1 EL Orangensaft
100 g gemischte Sprossen (Mungobohne, Alfalfa, Linsen, Kresse,…)
1 EL Walnussöl
1 EL Obstessig
Meersalz, etwas Pfeffer
60 g geraspelter Gouda oder Emmentaler

Pro Portion

109 kcal = 453 kJ, 6 g E, 8 g F, 2 g KH, 2 g BS, 8 mg Chol

pro Gramm Fett mind. 2000 I. E. Lipase

Enzyme insgesamt 18.000 I. E.

Zubereitung

Den Salat putzen, waschen, in einer Salatschleuder gut trocknen, in mundgerechte Stücke zupfen. Die Frühlingszwiebeln putzen, waschen und ganz feine Streifen schneiden. Die Champignons mit einem Pinsel säubern und in sehr feine Blätter schneiden, mit dem Orangensaft marinieren. Die Sprossen in einem Haarsieb unter leicht fließendem, kalten Wasser abspülen, gut abtropfen lassen.
Die Salatblättchen, die Zwiebel, die Champignons und die Sprossen vorsichtig mischen.
Ein Dressing aus Essig, Meersalz und Pfeffer zubereiten, alles gut miteinander mischen bis das sich das Salz aufgelöst hat, dann das Öl dazugeben und mit einem Schneebesen verrühren. Das Dressing über den Salat geben und mischen.
Den Salat portionieren und vor dem Servieren den Käse darüber streuen.

Guten Appetit wünscht
Sabine Spies

Johannisbeer-Spaghetti mit Putenbrust

Zutaten für 4 Personen

1 Stück Putenbrust zu ca. 500 g (wahlweise 4 einfache Hähnchenbrüste)
1 Zitrone
1 – 2 TL Butterschmalz
frisch gemahlener Pfeffer, Salz
3 EL Balsamico-Essig
2 rote Zwiebeln
3 EL Johannisbeergelee
250 ml Gemüsebrühe (Instant)
100 g Sahne
100 ml Milch, 1,5 % Fett
300 g Spaghetti

Pro Portion

550 kcal = 2306 kJ, 42 g E, 14 g F, 63 g KH/5,25 BE oder 6,25 KE, 177 mg Chol

pro Gramm Fett mind. 2000 I. E. Lipase

Enzyme insgesamt 28.000 I. E.

Zubereitung

Putenbrust kalt abspülen, trocken tupfen und halbieren, Zitrone auspressen und damit Putenbrust 15 Minuten marinieren.
Butterschmalz erhitzen, Putenbrust rundherum anbraten, salzen, pfeffern und mit Balsamico-Essig ablöschen. Putenbrust ohne Bratensud in eine Auflaufform legen, auf dem Rost in den vorgeheizten Backofen schieben und ca. 15 Minuten bei 180 Grad backen.
Spaghetti nach Packungsanleitung in Salzwasser garen.
Zwiebeln schälen, fein hacken und in dem Bratensud andünsten, Johannisbeergelee und Brühe zugeben und etwas einköcheln lassen.
Sahne und Milch dazugeben und mit Salz und Pfeffer abschmecken.
Nudeln mit Fleisch und Soße anrichten.

Guten Appetit wünscht Ihnen
Barbara Hölper

Lachsnudeln

Zutaten für 2 Portionen

1 Schalotte
1 TL Butter
50 ml Sahne
150 ml Milch, 1,5 % Fett
½ TL abgeriebene Zitronenschale
1 EL Tomatenmark
200 g Lachsfilet
Salz
Pfeffer aus der Mühle
Estragon
200 g Nudeln (z. B. Farfalle)

Pro Portion

590 kcal = 2470 kJ, 33 g E, 24 g F, 58 g KH/4,75 BE oder 6 KE, 140 mg Chol

pro Gramm Fett mind. 2000 I. E. Lipase

Enzyme insgesamt 48.000 I. E.

Zubereitung

Die fein gehackte Schalotte in Butter weich dünsten. Mit Sahne und Milch ablöschen. Zitronenschale und Tomatenmark dazu geben und etwas einkochen lassen. Den Lachs in kleine Würfel schneiden (geht am besten in gefrorenem, leicht angetauten Zustand) und zu der Sauce geben. Noch 2 bis 3 Minuten leicht köcheln lassen (eventuell mit etwas Speisestärke binden) und mit Estragon, Salz und Pfeffer abschmecken.

Die gekochten Nudeln abgießen und sofort mit der Lachssauce vermischen. Auf vorgewärmten Tellern servieren.

Guten Appetit wünscht Gabriele Fremgen

Zucchinipasta

Zutaten für 3 – 4 Personen

300 g Spaghetti
Salz
2 Zucchini (ca. 250 g)
2 – 3 geschälte Tomaten
3 EL Olivenöl (warm gepresst)
3 Knoblauchzehen
Pfeffer
Basilikumblätter
100 g Parmesan oder Pecorino

Pro Portion

582 kcal = 2433 kJ, 27 g E, 18 g F, 73 g KH/6 BE oder 6,5 KE, 109 mg Chol

pro Gramm Fett mind. 2000 I. E. Lipase

Enzyme insgesamt 16.000 I. E.

Zubereitung

Spaghetti in Salzwasser bissfest kochen.
Zucchini putzen und in rechteckige Streifen schneiden (Gemüsehobel).
Öl in einer Pfanne mäßig erhitzen, Knoblauch darin dünsten. Dann die Zucchinistreifen und die grob gewürfelten Tomaten ca. 5 Minuten mitdünsten. Salzen und pfeffern. Tropfnasse Spaghetti hinzufügen und mit grob gehackten Basilikumblättern vermischen.
Mit geriebenem Parmesan oder Pecorino servieren.

Viel Spaß beim Kochen und guten Appetit wünscht
Petra Eppler

Hackfleisch mit Vollkornnudeln

Zutaten für 4 Personen

500 g mageres Rinderhackfleisch
1 Beutel Zwiebelsuppe
½ Becher süße Sahne
1 Becher Naturjoghurt, 3,5 % Fett

Pro Portion

427 kcal = 1787 kJ, 32 g E, 29 g F, 10 g KH/0,75 BE oder 1 KE, 31 mg Chol

pro Gramm Fett mind. 2000 I .E. Lipase

Enzyme insgesamt 58.000 I. E.

Zubereitung

Das Hackfleisch zerpflücken, in eine gefettete Auflaufform geben und den Beutel Zwiebelsuppe darüber geben. Den mit Sahne vermischten Joghurt darüber geben und dann in den heißen Ofen stellen. Ab und zu umrühren. Solange garen, bis das Fleisch nicht mehr rot ist.

Dazu Vollkornnudeln und grünen Salat servieren.

Guten Appetit wünscht
Marianne Schmid

Schwarzbierfleisch

Zutaten für 4 Portionen

200 g entsteinte Backpflaumen
600 g Schweineschulter oder -nacken, in Würfel
3 x 3 cm geschnitten
1 große Zwiebel
250 g Möhren
2 TL Butterschmalz zum Braten
250 g Markknochen
Salz
weißer Pfeffer aus der Mühle
2 EL Mehl
½ l Schwarzbier (z. B. Köstritzer)
3 Lorbeerblätter
2 EL gehackte Haselnusskerne
1 EL gehackte Petersilie

Pro Portion

619 kcal = 2584 kJ, 29 g E, 33 g F, 29 g KH/2,75 BE oder 3 KE, 118 mg Chol

pro Gramm Fett mind. 2000 I. E. Lipase

Enzyme insgesamt 66.000 I. E.

Zubereitung

Backpflaumen über Nacht in Wasser einweichen. Butterschmalz erhitzen und das Fleisch darin anbraten. Markknochen und Zwiebelstreifen zufügen und anrösten. Möhren zugeben und mit anbraten. Salzen, pfeffern, Mehl darüber stäuben und anbräunen. Mit Schwarzbier ablöschen und ¼ l Wasser angießen. Lorbeerblätter untermischen und Schwarzbierfleisch zugedeckt bei 175 Grad ca. 2 Stunden schmoren. Gelegentlich umrühren und eventuell etwas Wasser nachgießen, falls die Sauce zu dick wird.

Gehackte Haselnüsse in einer Pfanne rösten und abkühlen lassen. Backpflaumen abtropfen lassen und kurz vor Ende der Garzeit unterheben. Markknochen und Lorbeerblätter entfernen, Schwarzbierfleisch anrichten und mit Petersilie und Haselnüssen bestreuen.

Tipp

Dieses Gericht schmeckt noch besser, wenn es am Vortag gekocht und vor dem Servieren ganz langsam wieder aufgewärmt wird. Am besten passen dazu breite Bandnudeln, Salzkartoffeln oder Knödel.

Klaus Prietsch wünscht guten Appetit und empfiehlt dazu seine Semmelknödel.

Semmelknödel

Zutaten für ca. 4 Personen
(aber nicht, wenn sie ausgehungert sind)

8 Semmeln => 1 – 2 Tage alt (4 normale und 4 Laugen, schmeckt besser)
3/8 Liter Milch (375 ml)
2 – 3 Eier
1 kleine Zwiebel (Schalotte)
Butter, Muskat, Salz, Pfeffer, Petersilie, Paniermehl
(je nach Gericht auch noch Schinkenspeck)
1 Schälchen mit Wasser

Pro Portion

619 kcal = 2584 kJ, 29 g E, 33 g F, 29 g KH/2,75 BE oder 3 KE, 118 mg Chol

pro Gramm Fett mind. 2000 I. E. Lipase

Enzyme insgesamt 66.000 I. E.

Zubereitung

Semmeln in dünne Scheiben schneiden und in eine große Schüssel geben. Milch erhitzen, etwas Muskat hinein reiben, dann die Eier darin verquirlen. Zwiebel fein hacken und in einer kleinen Pfanne mit Butter glasig anschwitzen, gegebenenfalls den Speck hinzufügen. Die heiße Milch in die Schüssel zu den Semmeln gießen, ½ TL Salz, etwas Pfeffer und gehackte Petersilie (1 – 2 EL) hinzugeben.

Alles vorsichtig miteinander vermischen, nicht kneten, und etwa 25 Minuten zugedeckt ziehen lassen.

Anschließend die Knödelmasse richtig vermischen, abschmecken und auf die Konsistenz achten.

Wenn die Masse zu "matschig" ist, Paniermehl dazu geben, bis sie etwas fester wird und man einen Knödel formen kann. Die Finger in das Schälchen Wasser tauchen und Knödel formen. Damit sie im Wasser nicht zerfallen, die Knödel von einer Hand in die andere werfen, so werden sie fester.

Einen großen Topf mit leicht gesalzenem Wasser zum Kochen bringen, Hitze zurück schalten, die Knödel in das Wasser geben, ziehen lassen und den Herd ausschalten.

Nach etwa 15 bis 20 Minuten sind die Knödel fertig.

Guten Appetit wünscht Klaus Prietsch

Zunge mit feiner Kräutersoße

Zutaten für 4 Personen

800 g kleine Kartoffeln
2 TL Butter
2 EL Weizenmehl Type 1050
1/8 Liter Milch, 1,5 % Fett
2 Becher Naturjoghurt, 1,5 % Fett
Meersalz, etwas Pfeffer
1 TL Hühnerbrühe (Instant)
½ Bund Schnittlauch
½ Bund Dill
etwas frischer Estragon
1 Kopf Blattsalat
1 Frühlingszwiebel
3 EL Orangensaft
2 EL Rapsöl
1 TL milder Senf
8 dickere Scheiben Rinder– oder Kalbszunge als Aufschnitt

Pro Portion

472 kcal = 1968 kJ, 35 g E, 18 g F, 40 g KH/3,25 BE oder 4 KE, 225 mg Chol

pro Gramm Fett mind. 2000 I. E. Lipase

Enzyme insgesamt 36.000 I .E.

Zubereitung

Die Kartoffeln waschen, in einem Dampfdrucktopf garen.

In der Zwischenzeit den Blattsalat putzen, waschen, in einer Salatschleuder trocknen.

Den Orangensaft mit dem Senf verrühren, mit dem Meersalz und dem Pfeffer abschmecken.

Die Kräuter waschen, trocken tupfen und fein schneiden. Die Frühlingszwiebel putzen, waschen und in sehr feine Ringe schneiden.

Die Butter leicht erhitzen, das Mehl dazugeben und unter Rühren mit der Milch aufgießen, mit der Hühnerbrühe abschmecken, die Hälfte der gehackten Kräuter unterrühren.

Die Kartoffeln evtl. pellen (oder mit der Schale essen).

Die Zungenscheiben auf Speisetellern anrichten, mit der Kräutersoße begießen, die Kartoffeln dazu reichen.

Als Vorspeise den Blattsalat mit der Frühlingszwiebel mischen, auf Salattellern verteilen. In den gewürzten Orangensaft Rapsöl geben, mit einem Schneebesen verrühren und darüber geben. Salat mit der anderen Hälfte der frischen Kräuter bestreuen.

Guten Appetit wünscht Katharina Stang

Gemischter Fischtopf

Zutaten für 8 Personen

1,2 kg gemischte Fischfiletstücke (Fisch mit festem Fleisch), z. B. Heilbutt, Zander, Steinbutt, Lotte, Kabeljau, Steinbeisser, Thunfisch
250 g kleine Tintenfische
12 Scampi oder Miesmuscheln
600 g reife Tomaten (im Winter aus der Dose)
1 große Zwiebel in Würfeln
2 – 3 Knoblauchzehen, sofern Knoblauch vertragen wird
4 – 5 Gläser Fischfond
¼ l trockener, kräftiger Weißwein
50 ml = 5 EL Olivenöl
1 Bund glatte Petersilie
Salz, Pfeffer, evtl. Safran

Pro Portion

223 kcal = 934 kJ, 33 g E, 7 g F, 3 g KH, 145 mg Chol

pro Gramm Fett mind. 2000 I. E. Lipase

Enzyme insgesamt 14.000 I. E.

Zubereitung

Olivenöl in großer Kasserolle erhitzen und die Zwiebel- und Knoblauchwürfel darin glasig dünsten. Die Tintenfischstücke mit andünsten.

Tomaten enthäuten, in Stücke schneiden und dazu geben. Den Weißwein angießen und ca. 15 Minuten köcheln lassen. Den Fischfond dazu geben und die Brühe abschmecken. Vor dem Servieren die Fischbrühe stark erhitzen, die Fischfiletstücke hinein geben und nur noch ca.10 Minuten ziehen lassen. Ganz zum Schluss die grob gehackte Petersilie dazu geben.

Dazu Baguette reichen.

Einen guten Appetit wünscht Dorothee Wandel

Spieße von Lachs und Heilbutt

Zutaten 4 Spieße

300 g Heilbuttfilet
300 g Lachsfilet
8 Scheiben Schwarzwälder Schinkenspeck
1 EL Olivenöl
1 Limette
Pfeffer

Pro Portion

261 kcal = 1088 kJ, 33 g E, 15 g F, 60 mg Chol

pro Gramm Fett mind. 2000 I. E. Lipase

Enzyme insgesamt 30.000 I. E.

Zubereitung

Fischfilet in jeweils 8 gleich große Stücke teilen. Mit Pfeffer würzen. Heilbuttstücke mit je einer Scheibe Schinken umwickeln. Limetten waschen und vierteln, dann abwechselnd mit den Fischportionen auf Spieße stecken. Das Olivenöl in einer beschichteten Pfanne erwärmen und die Spieße von jeder Seite 2 – 3 Minuten braten.

Mit Baguette und frischem Salat servieren.

Viel Spaß beim Kochen und guten Appetit wünscht
Petra Eppler

Hirsepaella

Zutaten für 2 Personen

150 g Hirse
500 ml Gemüsebrühe
1 EL Olivenöl
1 Knoblauchzehe
1 Zwiebel
1 Karotte
1 Stange Lauch
1 Zucchini
1 rote Paprikaschote (schälen)
5 Garnelen
75 g Scampi
75 g Krebsfleisch

Pro Portion

463 kcal = 1931 kJ, 33 g E, 9 g F, 61 g KH/5 BE oder 6 BE, 9 g BS, 104 mg Chol

pro Gramm Fett mind. 2000 I. E. Lipase

Enzyme insgesamt 18.000 I. E.

Zubereitung

Hirse heiß abwaschen und abtropfen lassen. Brühe zum Kochen bringen und Hirse hinzufügen. Hitze reduzieren und ca. 15 Minuten quellen lassen.

Lauch, Karotte, Paprika, Zwiebel und Zucchini klein schneiden. Zwiebel mit Knoblauch in Olivenöl glasig dünsten. Gemüse zugeben und ca. 10 Minuten mitrösten. Dann Garnelen, Scampi und Krebsfleisch zugeben. Zuletzt die Hirse untermischen und mit Salz, Pfeffer und evtl. Currypulver würzen. Sofort servieren.

Viel Spaß beim Kochen und guten Appetit wünscht Petra Eppler

Filettopf „süß-scharf“

Zutaten für 5 Portionen

600 g Hähnchenbrustfilet
4 Zwiebeln
300 g Pfirsiche (Konserve)
1 TL Butterschmalz
Salz, Pfeffer
2 TL Currypulver
1 TL Mehl
3 EL Pfirsichsaft
300 ml Gemüsebrühe (1 ½ TL Instant)
500 g feine Tiefkühl-Erbsen
1 TL Chilipulver
2 TL Rosenpaprikapulver scharf
500 g Vollkornnudeln

Pro Portion

781 kcal = 3270 kJ, 68 g E, 6 g F, 114 g KH/9,5 BE oder 11,5 KE, 27 g BS, 72 mg Chol

pro Gramm Fett mind. 2000 I. E. Lipase

Enzyme insgesamt 12.000 I. E.

Zubereitung

Hähnchenbrustfilet in Streifen schneiden, Zwiebeln würfeln, Pfirsiche abgießen, Saft auffangen und Pfirsiche in Würfel schneiden. Butterschmalz in einer tiefen beschichteten Pfanne erhitzen und Hähnchenbruststreifen darin anbraten. Mit Salz und Pfeffer würzen, Hähnchenbrust herausnehmen und warm stellen.

Zwiebelwürfel im Bratsatz goldbraun anbraten, Curry und Mehl einstreuen, mit Pfirsichsaft ablösen, Erbsen hinzufügen und ca. 5 Minuten köcheln lassen.

Pfirsichwürfel und Hähnchenbrust in die Currysauce geben, erhitzen, mit Chili- und Paprikapulver, Salz und Pfeffer abschmecken und mit den gekochten Vollkornnudeln servieren.

Dieses war das Lieblingsgericht von Dieter Hölper.

Guten Appetit wünscht Barbara Hölper

Putenrouladen mit gedünstetem Broccoli und Wildreis

Zutaten für 4 Portionen

4 Putenschnitzel à 120 g
200 g Wildreismischung
400 ml warme Gemüsebrühe
1 EL Mandelblättchen
1 kleine Zwiebel
½ Bund frische, glatte Petersilie
1 EL fein gewürfelter, magerer Speck
50 g geriebener Emmentaler
70 g gewaschene, geputzte Karotte
4 dünne Scheiben magerer Speck
2 EL Weißwein
2 EL Apfelsaft
evtl. ½ EL Speisestärke
1 kg Broccoli

Pro Portion

429 kcal = 1792 kJ, 45 g E, 6 g F,
46 g KH/3,75 BE oder 4,5 KE,
82 mg Chol

pro Gramm Fett mind. 2000 I. E. Lipase

Enzyme insgesamt 12.000 I. E.

Guten Appetit wünscht Katharina Stang

Zubereitung

Die Zwiebel schälen und sehr fein hacken. Die Karotte grob raspeln. Den Broccoli waschen, die Röschen abtrennen, Strunke wie Spargel abziehen und in kleine Würfel schneiden.

Die Speckwürfel in einem Topf auslassen, die Zwiebel und die Karotte dazugeben, leicht dünsten, evtl. mit ganz wenig Gemüsebrühe ablöschen. Flüssigkeit einreduzieren lassen. Mit gehackter Petersilie, wenig Salz und Pfeffer abschmecken. Stark abkühlen lassen, dann den geriebenen Käse unterheben.

Die Schnitzel mit Frischhaltefolie bedecken und mit einem Plattiermesser (oder einer schweren Pfanne) plattieren. Die Folie abziehen, jedes Schnitzel mit 1 Scheibe dünnem Speck belegen, dann die Karotten-Zwiebel-Masse darauf verteilen, aufrollen und mit Rouladenhaltern (Zahnstochern) die Roulade befestigen.

Die Rouladen in einer beschichteten Pfanne rundum anbraten, herausnehmen und den Bratensatz mit Weißwein und Apfelsaft ablöschen, evtl. mit der Speisestärke binden. Die Rouladen zum Warmhalten in die Soße legen.

In der Zwischenzeit die Wildreismischung mit der warmen Gemüsebrühe nach Packungsanweisung garen.

In einem vom Durchmesser großen Topf den Boden mit etwas Brühe bedecken, diese aufkochen und die geputzten Broccolistrünke darin andünsten und fast fertig garen. Die Röschen dazugeben, evtl. noch ein wenig warme Brühe aufgießen und den Broccoli so garen, dass er noch ein wenig Biss hat.

Die Rouladen mit dem Wildreis und dem Broccoli auf einem Teller hübsch anrichten.

Pfifferlinge in Rahmsoße

Zutaten für 4 Personen

400 g Pfifferlinge
1 Zwiebel
100 g Schinkenspeck
gehackte, frische Petersilie
Salz, Pfeffer
1 TL Mehl
1 Becher Crème légère oder saure Sahne

Pro Portion

105 kcal = 438 kJ, 9 g E, 6 g F, 3 g KH, 30 mg Chol

pro Gramm Fett mind. 2000 I. E. Lipase

Enzyme insgesamt 12.000 I. E.

Zubereitung

Den Speck auslassen und die gewürfelte Zwiebel darin glasig dünsten. Die gut gewaschenen Pfifferlinge dazugeben und schmoren, bis alles Wasser verdunstet ist. Mit Mehl bestäuben und mit wenig Brühe aufgießen. Petersilie, Salz und Pfeffer dazugeben. Am Schluss Crème légère oder saure Sahne einrühren.

Guten Appetit wünscht Marianne Schmid

Satarasch

<u>Zutaten für 4 Portionen</u>

2 Paprika gelb und rot
3 Fleischtomaten
2 Zwiebeln
1 TL Olivenöl
Salz, Pfeffer, Tomatenmark

<u>Pro Portion</u>

63 kcal = 266 kJ, 3 g E, 3 g F, 7 g KH/0,5 BE oder 0,75 KE, 5 g BS

pro Gramm Fett mind. 2000 I. E. Lipase

Enzyme insgesamt 6.000 I. E.

<u>Zubereitung</u>

Alles klein würfeln. Zwiebeln in Olivenöl andünsten, Paprika dazugeben und kurz mitdünsten. Tomaten zugeben und mit Salz, Pfeffer und Tomatenmark abschmecken und 10 Minuten schmoren lassen.

Dazu passt wunderbar Reis.

Guten Appetit wünscht Bernd Schröder

Zucchinipuffer

Zutaten für 2 – 3 Portionen

1 mittelgroße Zucchini
4 – 6 Esslöffel Mehl
Cayennepfeffer
magerer gewürfelter Speck
Semmelbrösel
2 Eier
Salz und Pfeffer
Petersilie
1 rote Paprika gewürfelt
2 – 4 TL Butterschmalz zum Braten

Tipp

Leicht in der Pfanne von beiden Seiten angebraten, eignen sie sich sehr gut zum Einfrieren.

Pro Portion

298 kcal = 1243 kJ, 25 g E, 11 g F, 24 g KH/2 BE oder 2,5 KE, 24 mg Chol

pro Gramm Fett mind. 2000 I. E. Lipase

Enzyme insgesamt 22.000 I. E.

Zubereitung

Zucchini grob raspeln. Eier und Mehl verquirlen und mit den Gewürzen abschmecken. Den gewürfelten Speck unterheben. Zucchiniraspel ausdrücken und unter die Teigmasse mischen. Mit Semmelbröseln etwas binden, so dass sich die Puffer gut formen lassen. Butterschmalz in einer Pfanne erhitzen. Mit einem Esslöffel die Masse portionsweise in die Pfanne geben, etwas flach drücken und ausbacken.

Guten Appetit wünschen Euch
Beate und Wolfgang

Kartoffelgratin mit Tomaten-Zucchinigemüse

Zutaten für 2 Personen

Kartoffelgratin

4 größere Kartoffeln
1 TL Rapsöl für die Auflaufform
Kräuter der Provence getrocknet oder je 1 kleiner Zweig frischer Thymian und Bohnenkraut
200 ml Milch, 1,5 % Fett
1 Ei
Salz, Pfeffer, geriebene Muskatnuss
2 EL geriebener Käse

Tomaten-Zucchinigemüse

3 Tomaten
1 kleine Zucchini
½ EL Rapsöl
1 kleine Knoblauchzehe (oder Knoblauchpulver)
je 1 Zweig Thymian und Oregano
Salz, Pfeffer
½ EL Balsamicoessig
4 – 5 Basilikumblätter

Pro Portion

337 kcal = 1405 kJ, 18 g E, 16 g F, 29 g KH/2,5 BE oder 3 KE, 130 mg Chol

pro Gramm Fett mind. 2000 I. E. Lipase

Enzyme insgesamt 32.000 I. E.

Zubereitung

Kartoffeln schälen, waschen und in dünne Scheiben schneiden. Eine Auflaufform mit Öl auspinseln. Die getrockneten Kräuter oder die abgezupften frischen in die Auflaufform streuen und die Kartoffelscheiben einschichten.

Backofen vorheizen (Heißluft 180 Grad, Ober-/Unterhitze 200 Grad). Die Milch mit dem Ei und den Gewürzen gut verquirlen und über die Kartoffeln gießen. Mit dem geriebenen Käse bestreuen. Auf der mittleren Schiene im Backofen ca. 30 Minuten überbacken.

Für das Gemüse Tomaten und Zucchini waschen und in Scheiben schneiden (Tomaten evtl. zuerst abhäuten, wenn die Haut nicht vertragen wird). Knoblauchzehe schälen, fein schneiden und mit den Gemüsescheiben im Öl andünsten. Thymian- und Oreganozweige dazugeben. Im zugedeckten Topf ca. 5 Minuten, je nach Dicke der Scheiben, dünsten. Mit Salz, Pfeffer und dem Balsamicoessig abschmecken und die fein gezupften Basilikumblätter darüber streuen.

Evtl. mit einem Kalbs- oder Putenschnitzel servieren.

Guten Appetit wünscht Ursula Krug

Brunos gedämpfte Bohnen

Zutaten für 4 Portionen

1 Zwiebel
etwas Butter
1 kg Bohnen
Bohnenkraut
Salz
Petersilie
100 g Schinkenspeck

Pro Portion

143 kcal = 601 kJ, 11 g E, 5 g F, 13 g KH/1 BE oder 1,25 KE, 5 g BS, 25 mg Chol

pro Gramm Fett mind. 2000 I. E. Lipase

Enzyme insgesamt 10.000 I. E.

Zubereitung

Die gehackte Zwiebel in Butter glasig dünsten. Den in kleine Würfel geschnittenen Speck und die gewaschenen und geputzten Bohnen dazu geben und mit Bohnenkraut und Salz im zugedeckten Topf bei kleiner Hitze dünsten, bis die Bohnen weich sind. Kurz vor dem Servieren die fein gehackte Petersilie untermischen und abschmecken.

Guten Appetit wünscht Bruno

Topinambur-Karotten-Gemüse

Laktose- und glutenfreies Schnellrezept
von Gudrun Müller

für 1 Portion

Zubereitung

125 g Topinambur und 125 g Karotten würfeln und in Brühe (Suppenwürfel) garen. Zum Anrichten Kräuter und Rapskörnchen darüber streuen.

Dazu passen alle Arten von Kartoffeln, am besten Salzkartoffeln, und Fleisch, Fisch oder Schinken.

Pro Portion

69 kcal = 292 kJ, 4 g E, 1 g F, 11 g KH/1 BE oder 1 KE, 19 g BS

pro Gramm Fett mind. 2000 I. E. Lipase

Enzyme insgesamt 2000 I. E. für das Gemüse, zusätzlich kommen noch die Einheiten für das Fleisch, den Fisch oder den Schinken dazu

Guten Appetit wünscht Gudrun Müller

Grüner Eintopf

Laktose- und glutenfreies
Schnellrezept von Gudrun Müller

Zutaten 2 Portionen

- 4 große Kartoffeln
- 150 g Karotten
- 150 g Spargel
- 150 g Brokkoli
- Salz, gehackte Kräuter
- 1 TL Rapsöl

Pro Portion

312 kcal = 1303 kJ, 14 g E, 5 g F, 51 g KH/4,25 BE oder 5 KE, 13 g BS

pro Gramm Fett mind. 2000 I. E. Lipase

Enzyme insgesamt 10.000 I. E. für den Eintopf, zusätzlich kommen noch die Einheiten für das Fleisch, den Fisch oder die Eier dazu

Zubereitung

Kartoffeln als Pellkartoffeln garen. Nach 10 Minuten Karotten in daumendicken Würfeln und zerkleinerten Spargel und Brokkoli dazu geben und mitkochen. Salz, gehackte Kräuter nach Belieben und 1 TL Rapsöl dazu geben.

Nach Belieben Fleisch, Fisch, Eier oder Soja-Fleischersatz dazu servieren.

Guten Appetit wünscht Gudrun Müller

Knusprige Linsenbratlinge

Zutaten für 4 Portionen

200 g rote Linsen
1 EL Gemüsebrühe (Instant)
1 kg Kartoffeln
1 Zwiebel
4 Eier
Salz, Pfeffer
4 TL Butterschmalz zum Braten
2 rote Zwiebeln (oder anderes Gemüse)
1 Packung fettarmer Kräuterfrischkäse
½ Bund frische, glatte Petersilie

Pro Portion

436 kcal = 1822 kJ, 24 g E, 10 g F, 61 g KH/5 BE oder 6 KE, 31 mg Chol

pro Gramm Fett mind. 2000 I .E. Lipase

Enzyme insgesamt 20.000 I. E.

Zubereitung

Kartoffeln in einem Dampfdrucktopf halb garen, pellen und reiben.

Die Linsen in 500 ml heißem Wasser und 1 EL Gemüsebrühe aufsetzen und ca. 15 – 20 Minuten garen.

Die Zwiebel schälen und fein hacken.

Die Linsen auf einem Sieb sehr gut abtropfen lassen, mit den geriebenen Kartoffeln, der gehackten Zwiebel und den Eiern vermengen, mit Salz und Pfeffer abschmecken. Mit einem Esslöffel gleichmäßige Portionen abstechen.

Das Butterschmalz portionsweise in einer Pfanne erhitzen und aus dem Teig langsam knusprige Küchlein goldbraun braten.

Die roten Zwiebeln (oder anderes Gemüse) sehr fein hacken und unter den Kräuterkäse heben, evtl. noch mit 1 – 2 EL Milch cremig rühren.

Petersilie fein hacken.

Die Linsenbratlinge mit dem Zwiebelfrischkäse und der gehackten Petersilie servieren.

Guten Appetit wünscht Katharina Stang

Pellkartoffeln mit Kräuterquark

Zutaten für 4 Personen

1,2 kg große Kartoffeln (vorwiegend festkochend)
200 g Magerquark
200 g Quark, 20 % F. i. Tr.
2 – 3 EL Milch, 1,5 % Fett
¾ Bund Schnittlauch
½ Bund frische, glatte Petersilie
½ Handvoll Zitronenmelisseblättchen
Meersalz, weißer Pfeffer, edelsüßer Paprika

Tipp

Dieses Gericht kann sehr gut mit Salat als Hauptgericht serviert werden. Es eignet sich aber auch als leckere Sättigungsbeilage zu gebratenem oder gegrilltem Hähnchenfleisch.

Pro Portion

307 kcal = 1278 kJ, 20 g E, 3 g F, 48 g KH/4 BE oder 4,75 KE, 6 g BS, 11 mg Chol

pro Gramm Fett mind. 2000 I. E. Lipase

Enzyme insgesamt 6.000 I. E.

Zubereitung

Die Kartoffeln sehr gut waschen, notfalls mit der Bürste die Schale reinigen, dann in einem Dampfdrucktopf halb garen. Die Kartoffeln dann in ein ausreichend großes Alufolienkörbchen setzen und im Backofen bei 180° C (Umluft) fertig garen.

In der Zwischenzeit die beiden Quarksorten miteinander mischen, mit der Milch cremig rühren.

Die Kräuter waschen, trocken tupfen und sehr fein hacken, unter den Quark mischen, mit Meersalz und weißem Pfeffer abschmecken, evtl. mit etwas Paprikapulver bestreuen.

Wenn die Kartoffeln gar sind, diese mit dem Alufolienkörbchen auf einen Teller setzen, die Folie oben weit öffnen, mit 2 Gabeln die Kartoffeln aufreißen und jeweils einen großen Esslöffel des Kräuterquarks oben aufsetzen.

Guten Appetit wünscht Katharina Stang

Fenchel mit Kartoffeln

Zutaten für 4 Personen

600 g Kartoffeln
1 Zwiebel
1 mittelgroße Karotte
2 Fenchelknollen zu je 300 g
50 g magerer, durchwachsener Speck
10 g Butter
20 g Weizenmehl Type 1050
1/8 l Gemüsebrühe
1/8 l Milch, 1,5 % Fett
50 g Sahne
Salz, Pfeffer, Worcestersoße

Pro Portion

250 kcal = 1033 kJ, 11 g E, 8 g F,
31 g KH/2,5 BE oder 3 KE, 31 mg Chol

pro Gramm Fett mind. 2000 I. E. Lipase

Enzyme insgesamt 16.000 I. E.

Guten Appetit wünscht
Katharina Stang

Zubereitung

Die Kartoffeln waschen und im Dampfdrucktopf halb garen.

Die Zwiebel schälen und sehr fein hacken.

Den Speck fein würfeln.

Die Karotten waschen, putzen, in feine Scheiben schneiden.

Die Fenchelknollen waschen, das Grün abschneiden, zur Seite legen. Dann den Fenchel der Länge nach in feine Spalten schneiden.

Die fein gewürfelte Zwiebel mit der Hälfte des gewürfelten Specks in einem Topf erhitzen, den Speck auslassen und darin die Zwiebel glasig dünsten. Mit dem Mehl bestäuben und weiterrühren. Mit der Brühe ablöschen, binden lassen, mit der Milch und der Sahne aufgießen und die Soße weiter binden lassen. Abschmecken.

In einem Wasserkocher ca. 1 Liter Wasser zum Kochen bringen. Fenchelspalten und Karottenscheiben in eine Schüssel geben und mit dem heißen Wasser übergießen, ca. 5 Minuten zugedeckt stehen lassen. Danach abgießen.

Die halb garen Kartoffeln schälen und in Scheiben schneiden.

Eine Auflaufform mit der Butter ausfetten und das geschnittene Gemüse einschichten. Mit der Soße übergießen. Bei 180° C (Umluft) in ca. 30 Minuten goldbraun überbacken, kurz vor Garende die andere Hälfte Speck darüber geben. Vor dem Servieren mit dem Fenchelgrün garnieren.

Überbackene Pfannkuchen – gefüllt mit Mangold und Frischkäse

Zutaten für 2 Personen

Pfannkuchen
75 g Mehl
1 Ei
Salz, geriebene Muskatnuss
ca. 100 ml Milch, 1,5 % Fett
1 – 2 TL Butterschmalz zum Ausbacken

Füllung
6 große Mangoldblätter
1 kleine Schalotte
evtl. 1 kleine Knoblauchzehe (oder Knoblauchpulver)
½ EL Rapsöl
Salz, Pfeffer
1 EL Pinien- oder Sonnenblumenkerne
75 g Frischkäse „Leicht"

Zum Überbacken
1 Ei
1 EL Frischkäse „Leicht"
10 g geriebener Parmesan
2 EL Milch, 1,5 % Fett

Guten Appetit wünscht Ursula Krug

Zubereitung

Für die Pfannkuchen die Zutaten zu einem glatten Teig rühren. Den Teig ca. 10 Minuten stehen lassen. Dann in einer beschichteten Pfanne mit wenig Butterschmalz zwei Pfannkuchen ausbacken.

Mangoldblätter waschen, trocken tupfen und in Streifen schneiden. Schalotte und Knoblauchzehe abziehen und fein schneiden. Im heißen Öl andünsten. Mangoldstreifen dazugeben und ca. 3 Minuten mitdünsten. In eine Schüssel geben, mit Salz und Pfeffer abschmecken, die Pinien- oder Sonnenblumenkerne dazugeben und abkühlen lassen. Dann den Frischkäse darunter mischen.

Ofen vorheizen (Heißluft 180 Grad, Ober-/Unterhitze 200 Grad). Die Mangold-Frischkäse-Mischung auf den Pfannkuchen verteilen, dabei rundherum den Rand ca. 2 cm frei lassen, dann aufrollen. Eine Auflaufform dünn mit Öl auspinseln und die aufgerollten Pfannkuchen mit der glatten Seiten nach oben hineinlegen.

Ei, Frischkäse, geriebenen Parmesan und Milch gut verquirlen und über die Pfannkuchen gießen. Auf der mittleren Schiene im Backofen ca. 15 Minuten überbacken.

Pro Portion

433 kcal = 2091 kJ, 28 g E, 21 g F, 32 g KH/2,5 BE oder 3,25 KE

pro Gramm Fett mind. 2000 I. E. Lipase

Enzyme insgesamt 42.000 I. E.

Schnüsch - lässt sich nicht ins Hochdeutsche übersetzen

Zutaten

Man kann keine genauen Mengenangaben machen, diese richten sich nach der Höhe der Personenzahl und Vorlieben. Also alles "a la meng".
Eine Reise durch den Gemüsegarten, man nehme:
gartenfrische grüne Erbsen, Möhren, grüne Bohnen, jungen Kohlrabi, neue Kartoffeln (klein und festkochend), große dicke Bohnen (Pferdebohnen) und reichlich frische Petersilie.

Zubereitung

Alle Gemüsesorten gründlich waschen und putzen und in mundgerechte Stücke schneiden. In Wasser mit ner Prise Salz gar kochen, dann absieben. In einem zweiten Topf Milch (Voll- oder H-Milch 3,5 %) erhitzen, mit Salz, Pfeffer und Muskat abschmecken. Das gegarte Gemüse hinzugeben und mit reichlich feingehackter Petersilie versehen.

Dazu gibt es sehr dünn geschnittenen rohen, geräucherten Schinken, der nicht zu stark geraucht sein sollte, um nicht den guten Geschmack des frischen Gemüses zu verfälschen. Der Schinken wird auf einem Extrateller oder Schneidebrett gereicht und nach Belieben in feine Streifen geschnitten.

Guten Appetit wünscht Peter Jürgensen

Sukki–Reis

<u>Zutaten für 4 Portionen</u>

600 gekochter Reis (ca. 200 g roh)
1 kleine Gemüsezwiebel
150 g Möhren
150 g rote Paprika (oder grüne oder gemischt)
150 g Brokkoli
1 EL Rapsöl
Fleisch oder Wurst, z. B. Reste von gegartem Huhn oder Braten (auch Kassler und gekochtes Rippchen) oder 1 Portion Fleischkäse/frische Schinkenwurst oder ähnliches fein gewürfelt
Gemüsebrühe
Pfeffer, Salz, Curry, Rosenpaprika
eventuell 1 kleine Dose Gemüsemais

<u>Pro Portion</u>

387 kcal = 1619 kJ, 37 g E, 5 g F, 48 g KH/4 BE oder 4,75 BE, 5 g BS, 75 mg Chol

pro Gramm Fett mind. 2000 I. E. Lipase

Enzyme insgesamt 10.000 I. E.

Die Angaben beziehen sich auf das Rezept mit magerem Fleisch. Wenn Sie Fleischkäse o. ä. verwenden, müssen mehr Enzyme eingenommen werden.

<u>Zubereitung</u>

In einer Pfanne mit hohem Rand das Pflanzenöl schwach erhitzen. Die Gemüsezwiebel fein gewürfelt dazugeben und langsam unter Rühren glasig werden lassen. Möhren, Paprika und Brokkoli geputzt und fein gewürfelt dazugeben und langsam unter Rühren garen lassen.

Die Fleisch- bzw. Wurstwürfelchen dazugeben und erwärmen.

Eventuell mit etwas Gemüsebrühe angießen, damit das Gargut nicht zu viel Röststoffe entwickelt, und weiter ohne Deckel garen bis die Flüssigkeit fast aufgebraucht ist.

Den gekochten Reis dazugeben, unterrühren und den Pfanneninhalt nach Belieben würzen.

Wenn man möchte, 1 kleine Dose Mais dazu geben, das ergibt ein wirklich buntes Pfannengericht.

Anmerkung:

Sukki, eine kleine zierliche Dame aus Korea, hat mir Anfang der 1970er Jahre mit diesem Rezept den REIS nähergebracht.

Ich wünsche gutes Gelingen und guten Appetit!
Monika Herbst

Saure Kartoffelrädle

Zutaten für 2 Personen

20 g Butter
20 g Mehl
¾ l Wasser
1 Zwiebel
1 – 3 EL Essig
1 Nelke
2 Lorbeerblätter
Pfeffer, Salz, 1 Prise Zucker
400 g Kartoffeln

Pro Portion

255 kcal = 1068 kJ, 6 g E, 9 g F, 38 g KH/3 BE oder 3,75 KE, 24 mg Chol

pro Gramm Fett mind. 2000 I. E. Lipase

Enzyme insgesamt 18.000 I. E.

Zubereitung

Aus Fett, Zwiebeln und Mehl eine Einbrenne machen, mit Wasser ablöschen und die Gewürze dazu geben.

Rohe Kartoffeln in die Soße rädeln und ca. 25 Minuten kochen lassen.

Guten Appetit wünscht Bruno

Grieß mit Früchten

Zutaten für 4 – 6 Personen

½ l Milch, 1,5 % Fett
2 Päckchen echter Vanillezucker
1 Prise Salz
75 g Grieß
1 große Dose (850 ml) Pfirsich- oder Aprikosenhälften
2 rote Boskoop-Äpfel
3 EL Orangensaft
3 Eigelb, 3 Eiweiß
60 g Zucker
1 Beutel (250 g) backfertiger Mohn
Zitronenmelisse zum Garnieren

Tipp

Dieses Gericht eignet sich auch als Nachtisch, dann nur die Hälfte der Zutaten nehmen.

Pro Portion

448 kcal = 1875 kJ, 18 g E, 22 g F,
43 g KH/3,5 BE oder 4,25 KE, 107 mg Chol

pro Gramm Fett mind. 2000 I. E. Lipase

Enzyme insgesamt 44.000 I. E.

Gutes Gelingen wünscht Katharina Stang

Zubereitung

Von der Milch 4 Esslöffel abnehmen.

Den Rest der Milch mit 1 Päckchen Vanillezucker und der Prise Salz abschmecken und aufkochen, den Grieß einrühren und ständig weiter rühren. Die Herdplatte ausschalten und die Restenergie verwenden, um den Grießbrei zu garen.

In der Zwischenzeit die Pfirsiche abtropfen lassen.

Die Äpfel waschen, vierteln und entkernen, in feine Spalten schneiden. Mit dem Orangensaft übergießen. Die Pfirsiche halbieren.

Die Eigelbe mit dem Zucker und den 4 EL Milch verrühren. Anschließend die Eigelbmasse und den Beutel backfertigen Mohn in den Grießbrei rühren.

Danach zu den 3 Eiweiß das andere Päckchen Vanillezucker geben und mit dem Handrührgerät auf höchster Stufe zu Schnee schlagen. Den Eischnee unter die Grieß-Mohn-Masse heben.

Dann abwechselnd mit der Hälfte der Pfirsiche und den Apfelspalten in eine Auflaufform schichten. Für die Garnitur 4 Apfelstücke zurück behalten.

Im vorgeheizten Backofen bei 150° C (Umluft) die Süßspeise ca. 1,5 Stunden backen.

Die restlichen Pfirsiche können mit dem Pürierstab zu einer dickflüssigen Soße verarbeitet und zum Auflauf serviert werden.

Süßer Reis mit Früchten

Zutaten für 4 - 6 Portionen

1 l Milch, 1,5 % Fett
½ EL brauner Zucker
1 Päckchen echter Vanillezucker
300 g Vollkorn–Rundkornreis
2 Bio-Orangen
1 reife Ananas
1 großer, roter Boskoop-Apfel
4 EL Orangensaft
2 kleine reife Bananen
100 g Erdbeeren (tiefgefroren)
2 EL Mandelblättchen
20 g Butter
200 ml Apfelsaft (Direktsaft)
2 TL Blütenhonig
Zitronenmelisse zum Garnieren

Tipp

Dieses Gericht eignet sich auch als Nachtisch, dann nur die Hälfte der Zutaten nehmen.

Pro Portion

374 kcal = 1549 kJ, 11 g E, 4 g F, 72 g KH/6 BE oder 7,25 KE, 8 mg Chol

pro Gramm Fett mind. 2000 I. E

Enzyme insgesamt 8.000 I. E.

Zubereitung

Die Milch mit dem braunen Zucker und dem Vanillezucker nahe zum Kochen bringen. Den gewaschenen Vollkornreis dazu geben und ca. 45 Minuten bei schwacher Hitze ausquellen lassen. Ab und zu umrühren.

In dieser Zeit die Orangen schälen, dabei darauf achten, dass sehr viel von der bitteren weißen Haut abgeschält wird, danach die Orangen filetieren. Den Saft in einer Schüssel auffangen und zu den 4 EL Saft gießen.
Bei der Ananas den unteren Strunk entfernen und den Blattansatz abschneiden, danach die Ananas in einer flache Schüssel setzen und mit einem Ananas-Schäler den Strunk und die Schale entfernen, das Fruchtfleisch in gleichmäßige Stücke schneiden.
Den Boskoop gut waschen, vierteln, das Kernhaus entfernen. Die Apfelstücke in feine Spalten schneiden und mit 3 EL Orangensaft beträufeln, damit er nicht braun wird. Die Bananen schälen, in Scheiben schneiden und ebenfalls mit 3 EL Orangensaft beträufeln.

Die Mandelblättchen in einer beschichteten Pfanne ohne Fett goldbraun rösten, mit dem Apfelsaft ablöschen. Falls die Erdbeeren noch nicht ganz aufgetaut sind, jetzt in den Saft geben. Mit dem Honig abschmecken. Das andere vorbereitete Obst ebenfalls hineingeben und vorsichtig mischen.

Den Milchreis in einer weiten großen Schüssel anrichten und den Obstsalat dazu reichen.

Guten Appetit wünscht Katharina Stang

Überbackener Rhabarber

Zutaten für 3 – 4 Portionen

300 g Rhabarber
50 g Zucker
1 EL Wasser
125 g Zwieback
30 g Butter
2 Eigelb
1 Päckchen Vanillezucker
40 g Stärkemehl oder 1 Päckchen Vanillepudding
2 Eiweiß

Pro Portion

307 kcal = 1289 kJ, 7 g E, 10 g F, 45 g KH/3,75 BE oder 4,5 KE, 121 mg Chol

pro Gramm Fett mind. 2000 I. E. Lipase

Enzyme insgesamt 20.000 I. E.

Zubereitung

Rhabarber waschen, in Stücke schneiden, 30 g Zucker dazu geben und mit 1 EL Wasser dünsten. Butter zerlassen und Zwieback damit tränken. Eine Auflaufform fetten und mit dem Zwieback auslegen. Darauf den abgekühlten Rhabarber geben.

Eigelb, 20 g (1 großer EL) Zucker und Vanillezucker sehr schaumig schlagen, Stärkemehl oder Vanillepudding mit dem Schneebesen unterheben. Eiweiß steif schlagen und unterrühren, die Masse über den Zwieback und den Rhabarber geben.

Im Backofen bei mittlerer Hitze (180 Grad) 45 Minuten backen. Der Auflauf kann mit Puderzucker bestreut und sollte warm serviert werden.

Gutes Gelingen wünscht Katharina Stang

Fledebeersupp mit Klümp (zu deutsch Flieder- bzw. Holunderbeersuppe mit Grießklößen)

Zutaten für 4 – 6 Personen

reife Fliederbeeren
Zucker oder Honig
1 kg Äpfel (z. B. roter Boskoop oder Cox Orange)
1 l Milch, 1,5 % Fett
150 g Grieß
4 Eier
Salz

Pro Portion

404 kcal = 1691 kJ, 17 g E, 8 g F, 65 g KH/5,5 BE oder 6,5 KE, 145 mg Chol

pro Gramm Fett mind. 2000 I. E. Lipase

Enzyme insgesamt 16.000 I. E.

Zubereitung

Fliederbeeren waschen und mit Stängel abkochen. (unter 100 Grad wegen der Vitamine). Anschließend absieben. Den Saft mit Wasser verdünnen und mit Zucker oder Honig nach Geschmack süßen. Geschälte und in Scheiben geschnittene Äpfel hinzugeben und nochmals alles garen.

Für die Grießklöße 1 Liter Milch aufkochen. Grieß langsam einrieseln lassen bis sich eine zähe Konsistenz bildet, die jetzt abgekühlt werden kann. In die lauwarme Masse 4 Eier rühren.

Einen möglichst flachen Topf mit ausreichend Wasser und einer Prise Salz auffüllen. Wasser zum Sieden bringen.

Jetzt mit einem Löffel geformte Klöße ins kochende Wasser gleiten lassen. Schwimmen die Klöße an der Oberfläche, kann man sie mit einer Schöpfkelle heraus nehmen, in die noch heiße Fliederbeersuppe geben und in möglichst tiefen Tellern servieren.

Guten Appetit wünscht Peter Jürgensen

Ofenschlupfer

Zutaten für 3 – 4 Personen

4 Brötchen oder Wecken
4 Äpfel (z. B. roter Boskoop oder Cox Orange)
4 Eier
1 EL Süßstoff
½ l Milch
2 EL Sultaninen und etwas Zimt

Pro Portion (ohne Vanillesoße oder Kompott)

404 kcal = 1691 kJ, 17 g E, 8 g F, 65 g KH/5,5 BE oder 6,5 KE, 145 mg Chol

pro Gramm Fett mind. 2000 I. E. Lipase

Enzyme insgesamt 16.000 I. E.

Zubereitung

Brötchen oder Wecken in Scheiben schneiden. Äpfel schälen und würfeln. Eier und Süßstoff verquirlen, Milch, Sultaninen und Zimt dazu geben. Brot oder Wecken mit den Äpfeln in eine gefettete Auflaufform schichten, die Eiermasse darüber gießen.
Bei 200 Grad ca. 1 Stunde backen.

Dazu kalte Vanillesoße oder Kompott servieren.

Guten Appetit wünscht Bruno

Flachswickel

Zutaten für 20 Stück

500 g Mehl
250 g Butter
2 Eier
30 g Hefe
ca. 1/8 l Milch
1 Prise Salz
Eigelb zum Bepinseln
Hagelzucker

Pro Stück

211 kcal = 885 kJ, 4 g E, 12 g F, 22 g KH/1,75 BE oder 2,25 KE, 63 mg Chol

pro Gramm Fett mind. 2000 I. E. Lipase

Enzyme insgesamt 24.000 I. E.

Zubereitung

Das gesiebte Mehl in eine Schüssel füllen und in der Mitte eine Vertiefung bilden.

Die Hefe mit einer Prise Zucker in etwas lauwarmer Milch auflösen und diese Mischung in die Mehlmulde füllen. Diesen Vorteig zugedeckt schön aufgehen lassen.

Danach die beiden Eier und nach und nach die restliche Milch zugeben und einen glatten Teig rühren, solange bis sich der Teig vom Schüsselrand löst.

Kleine Stücke vom Teig in Zucker rollen, daraus Wickel formen und auf ein mit Backpapier ausgelegtes Blech legen.

Die Flachswickel zugedeckt aufgehen lassen, danach mit Eigelb bestreichen, mit Hagelzucker bestreuen und goldgelb backen.

Gutes Gelingen wünscht
Dorothee Wandel

Leichte aromatische Erdbeer-Joghurt-Torte

Zutaten für 12 Stücke

Biskuit

3 Eier
80 g Zucker
80 g Mehl
1 EL Speisestärke

Creme

9 Blatt Gelatine
600 g Erdbeeren
500 g Magerquark
500 g Naturjoghurt
80 g Zucker
2 Päckchen Vanillezucker
4 EL Zitronensaft
200 ml Sahne
4 EL Milch
100 g geröstete Mandelblättchen

Pro Stück

267 kcal = 1114 kJ, 12 g E, 12 g F,
26 g KH/2,25 BE oder 2,5 KE, 72 mg Chol

pro Gramm Fett mind. 2000 I E. Lipase

Enzyme insgesamt 24.000 I. E.

Gutes Gelingen wünscht Gerlinde Winter

Zubereitung

Backofen auf 200 Grad (Umluft 180 Grad) vorheizen.

Eier trennen. Eiweiß steif schlagen, Zucker einrieseln lassen. Eigelbe verquirlen und unterziehen. Mehl und Speisestärke mischen, darauf sieben und unterheben. Masse in eine mit Backpapier ausgelegte Springform (Durchmesser 26 cm) geben und in 12 bis 15 Minuten goldbraun backen. Herausnehmen und auskühlen lassen.

Gelatine einweichen. Erdbeeren vorbereiten, 300 g halbieren und davon je zur Hälfte würfeln und pürieren.

Quark, Joghurt, Zucker, Vanillezucker und Zitronensaft verrühren. Sahne steif schlagen, davon für den Rand etwas zur Seite stellen. Milch erwärmen und ausgedrückte Gelatine darin auflösen, die Quarkmasse löffelweise dazu geben und unterheben. Die Quarkmasse in 2 Teile teilen. Unter die eine Hälfte Erdbeerstücke und -püree rühren. In beide Hälften jeweils die Hälfte der geschlagenen Sahne unterheben.

Einen Tortenring um den Boden schließen. Erst die Erdbeercreme, dann die Quarkcreme einschichten. Im Kühlschrank (3 bis 5 Grad) mindestens 4 Stunden kühlen. Die übrigen 300 g Erdbeeren halbieren, auf die Quarkcreme legen und mit 1 Päckchen Tortenguss (Erdbeer-Geschmack) überziehen. Erkalten lassen. Danach den Tortenring lösen und den Rand mit Sahne überziehen und mit Mandelblättchen dekorieren.

Sylvis Apfelkuchen

<u>Zutaten für 12 Stücke</u>

300 g Mehl
125 g Zucker
125 g weiche Butter
1 Ei
1 Päckchen Vanillezucker
1 TL Backpulver
1 kg säuerliche Äpfel (z. B. roter Boskoop oder Cox Orange)
Butterflöckchen
etwas Zitronensaft
Hagelzucker

<u>Pro Stück</u>

292 kcal = 1218 kJ, 3 g E, 13 g F, 40 g KH/3,5 BE oder 4 KE, 35 mg Chol

pro Gramm Fett mind. 2000 I. E. Lipase

Enzyme insgesamt 26.000 I. E.

<u>Zubereitung</u>

Mehl, Zucker, weiche Butter, Ei, Vanillezucker und Backpulver in eine Schüssel geben und mit Knethaken verrühren, bis eine bröselige Masse entsteht. Den bröseligen Teig zu einer Masse zusammenkneten. 2/3 des Teigs in eine Springform geben und den Boden und etwas Rand formen.

Äpfel schälen, entkernen und mit einem Hobel auf dem Teig verteilen. Die Apfelscheiben immer wieder mit etwas Zitronensaft beträufeln, damit sie nicht braun werden. Den restlichen Teig in Flocken auf den Äpfeln verteilen.

Butterflöckchen auf den Äpfeln verteilen und mit Hagelzucker bestreuen.

In den vorgeheizten Backofen (Umluft 170 Grad, Ober-/Unterhitze 175 Grad) stellen und 50 Minuten (Umluft) bzw. 45 Minuten (Ober-/Unterhitze) backen.

Guten Appetit wünscht Sylvi

Feiner Apfelkuchen

Zutaten für 12 Stücke

Teig
240 g Mehl
120 g Butter oder Margarine
1 Ei
60 g Zucker
1 Msp. Backpulver

Belag
1 kg Äpfel (z B. roter Boskoop oder Cox Orange) in Spalten

Guss
½ Tasse Zucker
1 Tasse Sahne
3 Eier

Streusel
60 g Butter
60 g Mehl
60 g Zucker
oder Mandelblättchen

Pro Stück

353 kcal = 1476 kJ, 6 g E, 19 g F, 40 g KH/3,5 BE oder 4 KE, 116 mg Chol

pro Gramm Fett mind. 2000 I. E. Lipase

Enzyme insgesamt 38.000 I. E.

Zubereitung

Aus den Teigzutaten einen Knetteig zubereiten und eine Backform mit 26 cm Durchmesser damit auslegen. Die Äpfel darauf verteilen.

Für den Guss Zucker, Sahne und Eier verrühren und über die Äpfel gießen.

Nach Belieben Streusel oder Mandelblättchen darauf geben.

Im vorgeheizten Backofen bei 150 Grad 35 – 45 Minuten backen.

Gutes Gelingen wünscht Ilse

Fettärmere Alternative von Sabine Spies:
Den Guss weglassen.

Pro Stück

252 kcal = 1053 kJ, 4 g E, 14 g F, 28 g KH/2,25 BE oder 2,75 KE, 40 mg Chol

pro Gramm Fett mind. 2000 I. E. Lipase

Enzyme insgesamt 28.000 I. E.

Sauerländer Waffeln

Zutaten für 20 Waffeln (rund, Herzen)

250 g Butter
150 g Zucker
1 Päckchen echter Vanillezucker
6 Eier
500 g Mehl
½ Päckchen Backpulver
etwas Zimt
2 – 3 Tassen Mineralwasser
1 Tasse Milch
1 Prise Salz

Pro Waffel

236 kcal = 990 kJ, 5 g E, 12 g F, 25 g KH/2 BE oder 2,5 KE, 92 mg Chol

pro Gramm Fett mind. 2000 I. E. Lipase

Enzyme insgesamt 24.000 I. E.

Zubereitung

Butter, Zucker und Vanillezucker schaumig rühren, nacheinander die Eier hinzufügen. Abwechselnd das mit Backpulver, Zimt und Salz vermischte Mehl und die Flüssigkeit dazugeben. Der Teig muss etwas dickflüssig sein, jedoch gut vom Löffel fließen. Pro Waffel eine Kelle Teig in das Waffeleisen geben und goldgelb backen.

Auf einem Kuchengitter etwas abkühlen lassen.

Die Waffeln schmecken gut mit Sahne und heißen Sauerkirschen oder Preiselbeeren, mit Butter und Johannisbeergelee oder einfach nur mit Zimt und Zucker.

Tipp

Der Teig lässt sich gut vorbereiten und kann in einem verschlossenen Gefäß im Kühlschrank einige Tage aufbewahrt werden. Ich kenne sauerländische Haushalte, bei denen immer Waffelteig bereit steht.

Dieses Rezept ist ein altes Familienrezept unserer Verwandtschaft in Bad Fredeburg im Sauerland, woher mein Opa stammte. Kein Besuch dort, bei dem es nicht zum Kaffee Waffeln gibt. Ich habe sie schon als Kind liebend gern gegessen

... und wünsche guten Appetit!
Gabriele Fremgen

Waffeln

Fettärmere Alternative von Sabine Spies

Zutaten für 8 – 10 Stück

125 g weiche Butter
120 g Zucker
1 Päckchen echter Vanillezucker
1 Prise Salz
3 Eier
250 g Weizenmehl Type 1050
200 ml Milch, 1,5 % Fett

Pro Waffel

202 kcal = 848 kJ, 4 g E, 9 g F, 26 g KH/2,25 BE oder 2,5 KE, 73 mg Chol

pro Gramm Fett mind. 2000 I. E. Lipase

Enzyme insgesamt 18.000 I. E.

Zubereitung

Zimmerwarme Butter, 30 g Zucker und Salz mit dem Schneebesen des Handrührgerätes ca. 5 Minuten schaumig schlagen. Eier trennen und Eigelb 1 bis 2 Minuten unterrühren.

Eiweiß und 90 g Zucker steif schlagen. Mehl und Backpulver mischen.

Mehl, Eiweiß und etwas flüssige Sahne in drei Portionen unter die Butter-Zucker-Ei-Masse rühren, damit der Teig locker wird.

Apfel-Wein-Kuchen

Zutaten für 12 Stücke

1 kg Äpfel
0,7 l Weißwein (ersatzweise Apfelsaft)
150 g Zucker
2 Päckchen Vanillepuddingpulver
1 TL Butter
1 EL Zucker
100 g gehobelte Mandeln
250 g Mehl
1 TL Backpulver
2 Päckchen echter Vanillezucker
1 Ei
100 g Butter
100 g Zucker
200 ml Sahne

Tipp

Dieser Kuchen eignet sich auch hervorragend als Dessert, eventuell im Kühlschrank gut kühlen lassen.

Pro Stück

431 kcal = 1786 kJ, 6 g E, 19 g F, 51 g KH/4,5 BE oder 5 KE

pro Gramm Fett mind. 2000 I. E. Lipase

Enzyme insgesamt 38.000 I. E.

Gutes Gelingen wünscht
Gabriele Fremgen

Zubereitung

Äpfel schälen, vierteln und mit Wein und Zucker kochen. Ein Rest des Weins zum Anrühren des Puddingpulvers zurück lassen. Angerührtes Puddingpulver in abgekühlten Kompott geben.

Butter, Zucker und Mandeln in einer Pfanne rösten und erkalten lassen.

Aus Mehl, Backpulver, Vanillinzucker, Ei, Butter und Zucker einen Teig kneten, eine Springform (26 cm) damit auslegen und einen kleinen Rand formen. Boden mit dem erkalteten Apfelkompott 1 Stunde bei 175 Grad (Ober- und Unterhitze) backen. In der Form über Nacht erkalten lassen.

Vor dem Servieren die Sahne steif schlagen und über den Kuchen geben, glatt streichen und die gerösteten Mandeln darüber streuen.

Weniger fettreiche Variante von Sabine Spies (16 Stücke)
Die Sahne weglassen und den Kuchen mit den gerösteten Mandelblättchen garnieren.

Tipp

Bei dieser Variante die Mandelblättchen erst vor dem Servieren mit 1 – 2 TL Zucker in einer beschichteten Pfanne karamellisieren lassen. Dann die Blättchen-Karamel-Masse über den Kuchen verteilen.

Pro Stück

271 kcal = 1119 kJ, 4 g E, 10 g Fett, 41 g KH/3,5 BE oder 4 KE, 28 mg Chol
pro Gramm Fett mind. 2000 I. E. Lipase
Enzyme insgesamt 20.000 I. E.

Kirsch-Marmorkuchen

Zutaten für ca. 20 Stücke

1 Glas (720 ml) Kirschen
100 g Zartbitterschokolade
375 g Butter oder Margarine
300 g Zucker
1 Päckchen echter Vanillezucker
1 Prise Salz
6 Eier (Größe M)
200 ml Eierlikör
425 g Mehl
1 Päckchen Backpulver
25 g Kakaopulver
2 EL Puderzucker
Fett und Mehl für die Form
Minze und frische Kirschen zum Verzieren

Pro Stück

373 kcal = 1560 kJ, 6 g E, 20 g F, 42 g KH/3,5 BE oder 4,25 KE, 107 mg Chol

pro Gramm Fett mind. 2000 I. E. Lipase

Enzyme insgesamt 40.000 I. E.

Gutes Gelingen wünscht
Inge Trautmann

Zubereitung

Kirschen in ein Sieb gießen und gut abtropfen lassen. Schokolade grob hacken. Fett, 375 g Zucker, Vanillinzucker und Salz mit dem Handrührgerät schaumig rühren. Eier nacheinander zufügen und unterrühren. Eierlikör zufügen und so lange rühren, bis sich der Zucker gelöst hat. 400 g Mehl und Backpulver mischen und unterrühren.

Teig halbieren. Kirschen mit 25 g Mehl bestäuben. Unter eine Hälfte Kakao und 25 g Zucker rühren. Schokolade unterheben. Hälfte der Kirschen unter den hellen Teig heben, Rest Kirschen unter den dunklen Teig heben. Erst den hellen und darauf den dunklen Teig in eine gut gefettete, mit Mehl ausgestreute Springform (26 cm) mit Rohrbodeneinsatz füllen. Teig mit einer Gabel marmorieren.

Im vorgeheizten Backofen bei 175 Grad (Ober- und Unterhitze) bzw. 150 Grad (Umluft) ca. 1 ¼ Stunden backen. Eventuell nach der Hälfte der Backzeit den Kuchen mit Alufolie zudecken. Aus dem Ofen nehmen, auf ein Gitter setzen und ca. 30 Minuten in der Form abkühlen lassen. Aus der Form lösen und auf dem Gitter auskühlen lassen. Den abgekühlten Kuchen mit Puder-zucker bestäuben und nach Belieben mit Minze und frischen Kirschen verziert auf einer Platte servieren.

Marmorkuchen mit Kirschen

Fettärmere Alternative von Sabine Spies
zum Kirsch-Marmorkuchen

Zutaten für 1 normale Guglhupfform (16 Stück)

500 g entsteinte Kirschen (frisch oder im Glas)
200 g weiche Butter
150 g Zucker
1 Päckchen echter Vanillezucker
1 Prise Salz
4 Eier (Größe M)
200 g Weizenmehl Type 1050
1 EL Weizenmehl Type 1050
1 – 2 TL Weinsteinbackpulver
1 – 2 EL Kakaopulver

Pro Stück

226 kcal = 947 kJ, 4 g E, 13 g F, 24 g KH/2 BE oder 2,25 KE, 82 mg Chol

pro Gramm Fett mind. 2000 I. E. Lipase

Enzyme insgesamt 26.000 I. E.

Zubereitung

Frische Kirschen waschen und entsteinen. Kirschen im Glas in ein Sieb gießen und gut abtropfen lassen. Butter, Zucker, Vanillezucker und Salz mit dem Handrührgerät schaumig rühren. Die 4 Eier nach und nach hinzufügen und schaumig rühren.

Das Mehl mit dem Backpulver mischen und portionsweise unterrühren, am besten hineinsieben.

Die Kirschen mit 1 EL Weizenmehl bestäuben.

Den Rührteig halbieren. Unter 1 Hälfte das Kakaopulver rühren, falls der Teig dann zu fest wird, 1 – 2 EL Milch hinzugeben.

Eine Kirschenhälfte unter den hellen Teigteil, die andere Kirschenhälfte unter den dunklen Teigteil heben.

Eine Guglhupf-Form ausfetten. Zuerst den hellen Kirschteig hineingeben, dann den dunklen darauf geben. Mit einer Gabel mit langen Zinken oder einem Holzstäbchen den Kuchen marmorieren.

Im vorgeheizten Backofen bei 150° C (Umluft) ca. 60 Minuten backen. Evtl. den Kuchen mit einer Alufolie abdecken, damit er an den obersten Spitzen nicht verbrennt.

Pikanter Auberginenkuchen

für 4 Personen

Zutaten für den Teig

- 150 ml Milch, 1,5 % Fett
- 1 Prise Zucker
- ½ Würfel frische Hefe
- 250 g Weizenmehl Type 1050
- 1 TL Salz

Für den Belag

- 1 Aubergine
- etwas Salz
- 3 Fleischtomaten
- 1 Zwiebel
- 2 Becher Naturjoghurt, 3,5 % Fett
- 3 Eigelb
- 100 g fettarmer Frischkäse mit Kräutern
- 2 TL Weizenmehl Type 1050
- 2 Stiele Rosmarin
- 1 Prise Pfeffer
- Paprikapulver edelsüß

Pro Portion

376 kcal = 1573 kJ, 19 g E, 9 g F, 55 g KH/4,5 BE oder 5,5 KE, 7 g BS, 188 mg Chol

pro Gramm Fett mind. 2000 I .E. Lipase

Enzyme insgesamt 18.000 I. E.

Zubereitung

Die Milch leicht erwärmen, die Hefe hineinbröckeln, den Zucker dazu geben und in der Milch auflösen. Das Weizenmehl in eine Schüssel sieben, mit 1 TL Salz mischen und die Milch dazugeben. Alle Zutaten zu einem geschmeidigen Teig verarbeiten. Zugedeckt ca. ½ Stunde gehen lassen.

In dieser Zeit die Aubergine waschen, in Scheiben schneiden, mit Salz bestreuen und ¼ Stunde ziehen lassen. Danach die Auberginenscheiben trocken tupfen. Die Tomaten waschen und in Scheiben schneiden, die Zwiebel schälen und sehr fein hacken. Den Rosmarin waschen, trocken schütteln, die Nadeln von den Stielen zupfen.

Für den Guss Joghurt, Eigelbe, Frischkäse und Mehl glatt verrühren. Die Zwiebelwürfel und die Rosmarinnadeln hineingeben, mit Salz, Pfeffer und Paprikapulver abschmecken.

Den Hefeteig vor dem Ausrollen nochmals gut durchkneten und auf einer bemehlten Arbeitsfläche für eine Springform mit 26 cm Durchmesser auswellen. Teig ¼ Stunde gehen lassen.
Mit den Auberginen- und Tomatenscheiben belegen. Den Guss nochmals aufrühren und darüber gießen.
Im vorgeheizten Backofen bei 180° C (Umluft) ca. 45 Minuten goldbraun backen.

Vor dem Herausnehmen aus der Springform leicht abkühlen lassen. Kann warm oder kalt gegessen werden.

Gutes Gelingen wünscht Katharina Stang

Caipirinha

Zutaten für 1 Portion

½ Limette, gewürfelt
1 – 2 TL brauner Zucker
crushed ice (gestoßenes Eis)
4 cl Ginger Ale
1 – 2 EL Aloe vera Trinkgel
4 cl Maracujanektar
1 – 2 Zweige frische Minze

Pro Drink

102 kcal = 423 kJ, 0 g E, 1 g F, 21 g KH/1,75 BE oder 2 KE

pro Gramm Fett mind. 2000 I. E. Lipase

Enzyme insgesamt 2000 I. E.

Zubereitung

Die Limettenwürfel in ein Glas geben, Zucker darüber streuen, Eis darauf geben, Ginger Ale darauf gießen, Aloe vera Trinkgel und Maracujanektar darüber geben. Mit Minze dekorieren.

Gutes Gelingen wünscht
Sabine Spies

Karibik-Cocktail

Zutaten für 1 Portion

50 cl Ananassaft
30 cl Mangosaft
20 cl Maracujanektar
20 cl Kokoscreme
10 cl Zitronensaft
10 cl Grenadinesirup
crushed ice (gestoßenes Eis)
Mineralwasser
frische Obststücke

Pro Drink

68 kcal = 279 kJ, 1 g E, 0 g F, 15 g KH/1,25 BE oder 1,5 KE

Zubereitung

Alle Zutaten außer dem Mineralwasser und den Obststücken in einen Mixer geben und sehr gut mischen. Mit Mineralwasser auffüllen. In ein großes Glas geben und den Rand mit frischen Obststücken dekorieren.

Gutes Gelingen wünscht
Sabine Spies

Costa Rica
Ananas
Extra Sweet.
St. € 4,95
Costa Rica
Ananas
Extra Sweet
Stk. 4,95

Kokosnuss-Kuss

Zutaten für 4 Portionen

40 ml süße Sahne
150 ml Orangensaft
½ l Ananassaft
150 ml Kokosnusscreme
2 Scheiben frische Orange
crushed ice (gestoßenes Eis)

Pro Drink

117 kcal = 490 kJ, 1 g E, 4 g F, 19 g KH/1,5 BE oder 2 KE, 11 mg Chol

pro Gramm Fett mind. 2000 I. E. Lipase

Enzyme insgesamt 8000 I. E.

Zubereitung

Alle Zutaten im Mixer mischen, dann in Gläser füllen, die schon zu 1/3 mit crushed ice gefüllt sind. Die Orangenscheiben halbieren und die Gläser damit dekorieren. In jedes Glas einen Trinkhalm stecken.

Gutes Gelingen wünscht
Sabine Spies

Liebelei

Zutaten für 1 Portion

8 cl Maracujanektar
6 cl Ananassaft
4 cl Pfirsichnektar
2 cl Amarettosirup
1 cl flüssige, weiße Schokolade
crushed ice (gestoßenes Eis)

Pro Drink

261 kcal = 1091 kJ, 5 g E, 14 g F, 28 g KH/2,25 BE oder 2,75 KE

pro Gramm Fett mind. 2000 I. E. Lipase

Enzyme insgesamt 28.000 I. E.

Zubereitung

Ein Glas mit crushed ice kühlen. In einem Shaker alle Zutaten mit gestoßenem Eis mischen. Das Eis aus dem gekühlten Glas entfernen. Die Getränkemischung durch ein Sieb in das gekühlte Glas gießen. Die weiße Schokolade hinzugeben und mit einem Trinkhalm sofort servieren. Das Getränk trinken solange es noch angenehm kühl ist.

Gutes Gelingen wünscht
Sabine Spies

Avocado-Smoothie

Zutaten für 2 Portionen

1 reife Avocado
½ l Milch, 3,5 % Fett
2 – 3 EL Akazienhonig

Tipp

Dieser Drink kann je nach Geschmack und Appetit auch mit frischen Kräutern abgeschmeckt werden. Unter Verwendung von Milch, 1,5 % Fett, mit 1 EL Rapsöl wird der Gehalt an lebensnotwendigen Fettsäuren aufgewertet. Der Energiegehalt bleibt gleich.

Pro Drink

440 kcal = 1837 kJ, 10 g E, 32 g F, 27 g KH/2,25 BE oder 2,75 KE, 6 g BS; 28 mg Chol

pro Gramm Fett mind. 2000 I. E. Lipase

Enzyme insgesamt 66.000 I. E.

Gutes Gelingen wünscht Sabine Spies

Zubereitung

Die Avocado halbieren, den Kern und die Haut entfernen. Mit der Milch pürieren. Mit dem Honig abschmecken und in 2 Gläser verteilen.

Vitamin-Power

Zutaten für 4 Portionen

500 g Karotten
350 g gewürfelte Papayastückchen
2 EL Akazienhonig
Saft einer Bio-Orange
300 ml Naturjoghurt
etwas Meersalz
Zitronenmelisse
Orangenscheiben

Pro Drink

99 kcal = 416 kJ, 3 g E, 3 g F, 15 g KH/1,25 BE oder 1,5 KE

pro Gramm Fett mind. 2000 I. E. Lipase

Enzyme insgesamt 6.000 I .E.

Zubereitung

Die geputzten und klein geschnittenen Karotten zusammen mit den Papayastückchen in einen Entsafter geben und entsaften. Den Honig zusammen mit dem Orangensaft und dem Joghurt zu dem Saft geben. Eventuell mit etwas Meersalz abschmecken. In 4 Gläser verteilen und mit Zitronenmelisse und Orangenscheiben dekorieren.

Gutes Gelingen wünscht Sabine Spies

Energiereicher Erdbeerflip

Zutaten für 4 Personen

250 g frische Erdbeeren (oder aufgetaute Tiefkühlerdbeeren)
4 EL Schmelzflocken
300 ml Kokoscreme oder -milch
200 ml süße Sahne
2 TL Akazienhonig

Pro Drink

228 kcal = 948 kJ, 3 g E, 17 g F, 14 g KH/1,25 BE oder 1,75 KE, 55 mg Chol

pro Gramm Fett mind. 2000 I. E. Lipase

Enzyme insgesamt 34.000 I. E.

Zubereitung

Die Erdbeeren mit den Schmelzflocken pürieren und in 4 Gläser verteilen. Die Kokoscreme mit der Sahne und dem Honig leicht aufschlagen und zu den Erdbeeren gießen.

Gutes Gelingen wünscht Sabine Spies